A&D SERIES 6

BETA-PLUS

A & D SERIES 6

Contemporary Classic
Esther Gutmer

BETA-PLUS

FOREWORD

From Brussels to Bombay, via Antwerp, Geneva, Saint-Tropez and Knokke-Zoute, all of Esther Gutmer's interior projects radiate a real feeling for the art of living and a consistent sense of good taste. Her personal preference is for a contemporary style with Anglo-Saxon accents, but with a strongly international slant: the hallmark of this tireless traveller.

Over the course of her twenty-five-year career, Esther Gutmer has gained an enviable position within the world of exclusive home design. Her name is often linked to that of Ralph Lauren, with classic Anglo-Saxon aesthetics and opulent luxury.

She developed this taste during the years spent in the US where she studied interior design and discovered the home collections of New York stylist Ralph Lauren.

Soon after she arrived in the United States from her home country of Belgium, Esther Gutmer recognised a real revolutionary force in the vision of this American designer, in his creation of dramatic settings and integration of people into his interiors. Ralph Lauren adds poetic elements to the world of decor: life in a castle, the author's study, the fisherman's hut. Upon her return to Belgium in 1986, Esther Gutmer became the exclusive distributor for Ralph Lauren Home Collections.

She opened her first boutique in the Zavel district of Brussels and then established a business on Waterloolaan, which also became the base for her work as a freelance interior architect. Still very much influenced by her

PRÉFACE

De Bruxelles à Bombay, en passant par Anvers, Genève, Saint-Tropez et Knokke-le-Zoute, les intérieurs d'Esther Gutmer perpétuent un certain art de vivre, une culture et un consensus du bon goût. Même si ses penchants intimes l'entraînent plutôt vers un style aux accents anglo-saxons. Avec l'ouverture internationale d'une infatigable voyageuse.

En vingt-cinq ans de métier, Esther Gutmer a réussi à conquérir une place enviée dans le monde de la décoration haut de gamme.
Souvent lié à celui de Ralph Lauren, son nom a longtemps été apparenté à une esthétique classique anglo-saxonne et à des décors au luxe ostentatoire.

Cette affinité, elle la doit sans doute à son séjour aux États-Unis où elle a appris le métier d'architecte d'intérieur et découvert les collections maison du styliste new-yorkais Ralph Lauren.

Débarquant de sa Belgique natale, elle décèle dans la vision du créateur américain une véritable révolution dans la projection de mises en scène et la prise en compte du facteur humain dans l'architecture d'intérieur. Ralph Lauren, apportait à l'art de la décoration la poésie de thèmes comme la vie de château, la chambre de l'écrivain, la cabane du pêcheur… C'est ainsi que dès son retour en Belgique, en 1986, Esther Gutmer devient le distributeur exclusif des collections Ralph Lauren Home.

Elle ouvre sa première boutique au Sablon avant de s'établir boulevard de Waterloo. Dès cette époque, elle oeuvre également comme architecte d'intérieur indépendante. Très marqué par son apprentissage outre-Atlantique, son style

VOORWOORD

Van Brussel tot Bombay, via Antwerpen, Genève, Saint-Tropez en Knokke-Zoute … alle interieurs van Esther Gutmer stralen ware levenskunst uit en tonen een consensus over wat goede smaak is. Haar persoonlijke voorkeur ligt bij een hedendaagse stijl met Angelsaksische accenten maar met een sterke internationale dimensie : een handelsmerk van deze onvermoeibare reizigster.

In haar vijfentwintigjarige carrière is Esther Gutmer erin geslaagd een benijdenswaardige plaats in te nemen in de wereld van de exclusieve wooninrichting.
Haar naam werd vaak verbonden met Ralph Lauren, met een klassieke Angelsaksische esthetiek en een opulente luxe.

Deze affiniteit ontstond ongetwijfeld gedurende haar verblijf in de Verenigde Staten, waar Esther Gutmer het métier van interieurarchitecte leerde en waar ze de huiscollecties van de New Yorkse stilist Ralph Lauren ontdekte.

Net aangekomen uit haar geboorteland België, herkent zij in de visie van de Amerikaanse ontwerper een ware revolutie in het creëren van mise-en-scènes en de integratie van de mens in het interieurgebeuren. Ralph Lauren zorgde voor een poëtische inslag in de decoratiewereld : het kasteelleven, de kamer van de auteur, de vissershut, … Bij haar terugkeer in België (in 1986) wordt Esther Gutmer de exclusieve verdeler van de Ralph Lauren Home collecties.

Ze opent haar eerste boetiek op de Brusselse Zavel en vestigt zich daarna aan de Waterloolaan waar ze ook als zelfstandig interieurarchitecte actief is. Nog zeer onder de indruk van haar overzeese ervaringen, toont haar stijl een sterk

experiences overseas, her style shows a strong Anglo-Saxon bias. She favours English and American mahogany furniture and is passionate about the idea of the cottage, the country house and the fisherman's dwelling with expansive views of New England. Many further journeys abroad have broadened her horizons and resulted in a truly international style.
Esther Gutmer likes to incorporate souvenirs and personal items into her projects, noble materials, antiques, family heirlooms, ethnic and contemporary art.

She attaches a great importance to volumes as well as light and to how it affects the spaces.

Today Esther Gutmer heads a team of ten architects and interior designers. She insists on managing each project down to the smallest detail, and employs the services of Le 3ème Bureau, her husband's carpentry factory. Kitchens, bathrooms, libraries, dressing rooms and other interior elements are always designed and created individually for each project.
With a quarter of a century's experience behind her, Esther has excellent insight into new tastes, design trends and public expectations. She also includes new materials and modern technology in her deliberations on contemporary interior design. This explains why she remains one of the leading Belgian interior architects of her generation, without renouncing her classic roots. Her approach has an elegance and femininity that can be felt in every detail of her creations.

Marie Pok

revêt tout d'abord un caractère typiquement anglo-saxon. Elle affectionne le mobilier anglais ou américain en acajou, défend l'idée du cottage, de la maison de campagne ou de la cabane du pêcheur avec une fenêtre ouverte sur la Nouvelle-Angleterre. Puis, les voyages se succédant, son imagination s'inspire de nouveaux horizons et se nourrit d'influences internationales, des créations et des tendances observées dans les lieux parcourus, jusqu'à trouver sa propre orientation. Elle y intègre ses souvenirs et affinités personnels, les matériaux nobles, les antiquités, les meubles de famille, l'art ethnique et contemporain.

Elle accorde une importance toute particulière aux volumes qu'elle veut sobres, à la lumière et à la manière dont celle-ci affecte les espaces.

Aujourd'hui, elle dirige une équipe d'une dizaine d'architectes et architectes d'intérieur. Tenant à accompagner les chantiers dans les moindres détails, elle se repose sur la menuiserie de son entrepreneur de mari, le 3e Bureau. Cuisines, salles de bain, bibliothèques, dressing et tout autre caprice d'organisation spatiale sont conçus et exécutés sur mesure. Tirant aujourd'hui les leçons de sa longue expérience, Esther a pu prendre la mesure de l'évolution des goûts, des modes de vie, des attentes du public. Les nouveaux matériaux et les techniques de pointes sont intégrés à sa réflexion sur l'aménagement contemporain. Ainsi, à l'affût des tendances de son époque, sans renier la veine classique dont elle est issue, Esther Gutmer continue de siéger au cénacle des décorateurs belges les plus en vue de son temps. Avec une élégance et une féminité qui se lisent dans la moindre de ses réalisations.

Marie Pok

Angelsaksische inslag. Ze koestert Engels of Amerikaans meubilair in mahoniehout, zweert bij het idee van de cottage, het landhuis of de visserswoning met een ruime blik op New England. Na vele nieuwe reizen verruimt haar horizon naar een sterk internationale stijl.
Ze verwerkt souvenirs en persoonlijke affiniteiten edele materialen, antiquiteiten, familiale erfstukken, etnische en hedendaagse kunst.

Zij hecht veel belang aan volumes, licht en hoe dit de ruimte beïnvloedt.

Vandaag leidt Esther Gutmer een team van een tiental architecten en interieurarchitecten.
Ze houdt eraan om elke werf tot in de kleinste details te beheersen, en doet daarvoor beroep op het schrijnwerk van haar echtgenoot / aannemer, le 3e Bureau.
Keukens, badkamers, bibliotheken, dressings en andere interieurelementen worden steeds op maat ontworpen en uitgevoerd.
Bogend op een kwarteeuw ervaring kan Esther vandaag nieuwe smaken, levenstrends en de verwachtingen van het publiek naar waarde schatten.
Ook nieuwe materialen en hoogtechnologische snufjes worden geïntegreerd in haar nadenken over het hedendaagse interieurontwerp.
Op deze manier blijft Esther Gutmer, zonder haar klassieke wortels te verloochenen, één van de meest toonaangevende Belgische interieurarchitecten van haar generatie. Met een elegantie en vrouwelijkheid die men in elk detail van haar realisaties voelt.

Marie Pok

CONTENTS

SOMMAIRE   INHOUD

PRIVATE HOMES

RESIDENCES PRIVEES

PRIVE-WONINGEN

A COUNTRY HOUSE NEAR BRUSSELS

This country house, situated in the green outskirts of Brussels, was built in the 1920s and has recently been renovated for the second time.

The renovation work took almost a year and was carried out according to the owners' comfort wishes: a new, larger swimming pool was installed to replace the old one and a sports pavilion was added. The garden was completely redesigned.

Cette propriété située aux abords de Bruxelles et construite dans les années 1920 vient d'être renovée pour la deuxième fois.

Les travaux ont mis près d'un an et répondent au désir de confort des propriétaires. Une nouvelle piscine, plus grande, a été construite à l'emplacement de l'ancienne. Un pavillon de sport a vu le jour et la conception du jardin a été entièrement revue.

Dit landhuis, gelegen in de groene rand rond Brussel, werd gebouwd in de jaren 1920 en is recent voor een tweede keer gerenoveerd.

De werken duurden bijna een jaar. Er werd rekening gehouden met de verlangens naar comfort van de eigenaars: er kwam een nieuw, groter zwembad op de plaats van het vorige en er werd een sportpaviljoen gebouwd. Het tuinontwerp werd grondig herzien.

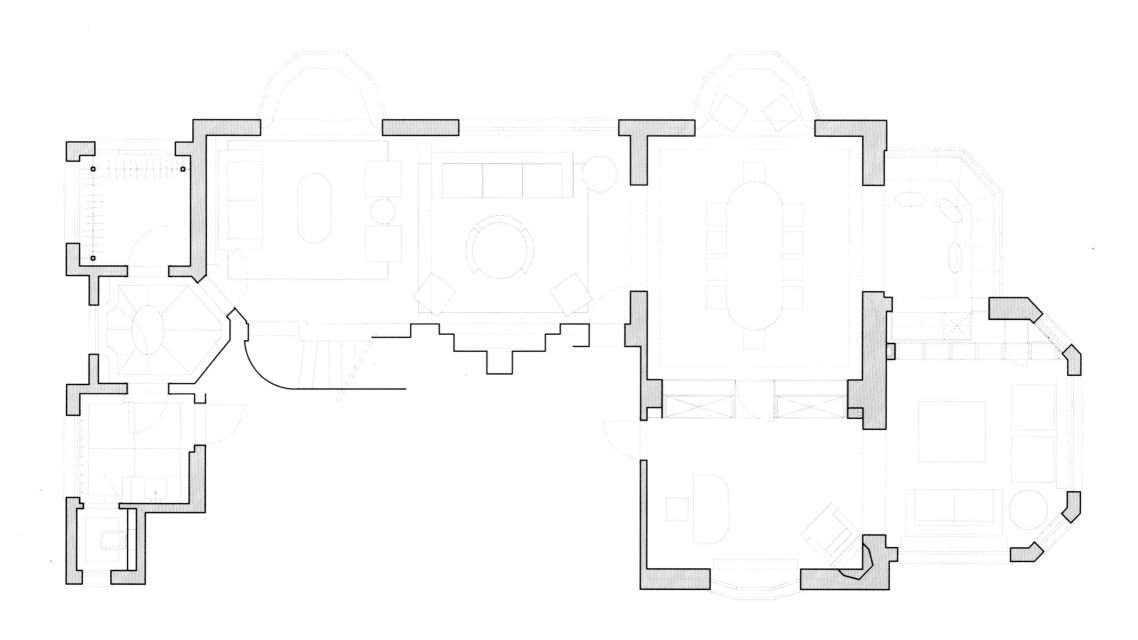

The surroundings of the country house were redesigned
by landscape architect Yves Verfaillie.

Les abords de la propriété ont été repensés par
l'architecte de jardin Yves Verfaillie.

De omgeving rond het landhuis werd herdacht door
tuinarchitect Yves Verfaillie.

A swimming pool with chiselled bluestone surround.
Terrace in bushhammered bluestone.

Une piscine à débordement en pierre bleue ciselée.
La terrasse est en pierre bleue bouchardée.

Een overloopzwembad in gefrijnde blauwe hardsteen.
Terras in gebouchardeerde blauwsteen.

The walls of the sitting room have been given a satin
plaster finish, creating a mellow atmosphere. The coffee
table is a design by Ado Châle.

*Les murs du salon ont été lissés à l'enduit satiné ce qui
lui confère une atmosphère de douceur. La table de
salon est une création d'Ado Châle.*

De muren van het salon werden gladgestreken met
gesatineerde pleister die voor een zachte sfeer zorgt. De
salontafel is een ontwerp van Ado Châle.

The round table, made of gleaming polished palisander wood,
was designed by Esther Gutmer. Occasional table by Robert Mallet-Stevens.

La table ronde, réalisée en palissandre poli brillant,
a été dessinée par Esther Gutmer.
Bout de canapé de Robert Mallet-Stevens.

De ronde tafel, uitgevoerd in glanzend gepolijst palissanderhout, werd
door Esther Gutmer ontworpen. Bijzettafeltje van Robert Mallet-Stevens.

The fireplace has been finished with black steel on both sides to enhance the hearth effect. The original parquet floor has been retained, but has been polished and coloured in a mahogany shade.

La cheminée a été habillée d'acier noir de part et d'autre pour agrandir l'effet de l'âtre. Le parquet ancien a été conservé, poncé et teinté acajou.

De schouw werd aan beide zijden met zwart staal bekleed om het haardeffect te vergroten. De originele parketvloer bleef behouden, maar werd geboend en in mahonietinten gekleurd.

A view of the office. The walls are finished in grey flannel.
Furniture in durable wood, polished to a shine.

Vue du bureau. Les murs sont garnis de flanelle grise.
Mobilier en bois précieux poli brillant.

Zicht op het bureau. De muren werden met grijs flanel
bekleed. Meubilair in duurzaam hout, glanzend gepolijst.

In the foreground, a Ralph Lauren chair in Kevlar and leather. Art-Deco desk and light.

Le fauteuil au premier plan en Kevlar et cuir est de Ralph Lauren. Bureau et torchère Art déco.

Op de voorgrond een fauteuil in Kevlar en leder van Ralph Lauren. Bureau en luchter Art deco.

The bookcase is upholstered in crocodile skin. The walls, blinds and couch are in grey flannel.

The two club chairs and the ottoman by Liaigre are covered with suede. Sculpture by Bernar Venet.

La bibliothèque est habillée de croco marron foncé.

Les murs, stores et divan sont garnis de flanelle grise.

Les deux clubs et le pouf de Liaigre sont revêtus de daim. Sculpture de Bernar Venet.

De bibliotheek werd bekleed met krokodilleleder. De muren, stores en de divan zijn afgewerkt met grijze flanel.

De twee clubs en de poef van Liaigre zijn met daim bekleed. Sculptuur van Bernar Venet.

To create a cosy atmosphere in the dining room, Esther Gutmer has chosen warm materials and sober shades such as navy blue and black. Chairs by Ralph Lauren and a Starck chandelier in Baccarat Noir crystal.

Pour donner une atmosphère intime dans la salle à manger, Esther Gutmer a joué sur des matières chaudes et des tons sobres comme le marine et le noir. Chaises de Ralph Lauren. Lustre de Starck en cristal Baccarat Noir.

Voor een intimistische sfeer in de eetkamer koos Esther Gutmer voor warme materialen en sobere tinten zoals marineblauw en zwart. Stoelen van Ralph Lauren en een luchter van Starck in Baccarat Noir kristal.

The ceiling moulding is decorated with silver leaf.

Storage space is concealed behind the wall panels. The silver leaf is a fine contrast with the black lacquered wood.

La corniche de plafond est décorée à la feuille d'argent.

Les panneaux muraux dissimulent des rangements. La feuille d'argent est soulignée de bois laqué noir.

De kroonlijst van het plafond is met bladzilver versierd.

Muurpanelen verbergen de bergruimten. Het bladzilver wordt geaccentueerd door zwartgelakt hout.

Storage space and a refrigerator are concealed behind the panels of the bar area, which are in navy blue suede. An alcove in black-tinted glass, lit by LED lighting.

Les parois du coin bar en daim marine dissimulent des rangements et un frigo. Niche en verre teinté noir éclairée par led.

Achter de panelen van de barhoek in marineblauwe daim gaan bergruimte en een koelkast schuil. Een nis in zwartgetint glas, met led verlicht.

Chocolate-brown plastered and polished walls in this
boudoir with wall lamps by Ralph Lauren.
The washbasin - an Esther Gutmer design made in
veined marble – appears to float between its side
supports, which are made of rare wood with a polished
finish.

Murs enduits et cirès chocolat noir pour ce boudoir
éclairé par des appliques Ralph Lauren.
Le plan vasque dessiné par Esther Gutmer en marbre
veiné semble flotter entre les montants latéraux en bois
précieux poli brillant.

Chocoladezwart gepleisterde en geboende muren voor
dit boudoir met wandlampen van Ralph Lauren.
De wastafel - een ontwerp van Esther Gutmer in
geaderde marmer – lijkt te zweven tussen de zijdelingse
dragers in zeldzaam, glanzend gepolijst hout.

The office of the lady of the house, in polished sycamore.

Coin bureau de la maîtresse de la maison en sycomore poli brillant.

De bureauhoek van de huismeesteres, uitgevoerd in glazend gepolijste esdoorn.

The sports pavilion, in the midst of green surroundings, was designed entirely by
Esther Gutmer.

Le pavillon destiné au sport, construit au milieu de la verdure, a été entièrement
conçu par Esther Gutmer.

Het sportpaviljoen, gelegen temidden van het groen, werd volledig door Esther
Gutmer ontworpen.

The changing room for the gym.

Vestiaire de la salle de sport.

De kleedruimte van de sportzaal.

The first floor of the main building is devoted entirely to the owners' living space.

Le premier étage de la maison est entièrement dédié à l'appartement des maîtres de maison.

De eerste verdieping van het hoofdgebouw wordt volledig ingenomen door de woonvertrekken van de huismeesters.

The sitting room beside the bedroom, with a view of the dressing room between the sliding doors. A table designed by Esther Gutmer, Ralph Lauren chairs and a Fortuny lamp.

Le salon attenant à la chambre laisse entrevoir le dressing entre les portes coulissantes. Table dessinée par Esther Gutmer, divans Ralph Lauren, lampe Fortuny.

Het salon naast de slaapkamer toont de dressingruimte tussen beide schuifdeuren. Een tafel ontworpen door Esther Gutmer, zetels Ralph Lauren en een lamp van Fortuny.

A CHALET IN GSTAAD

This chalet, nestling in the mountains of Gstaad, was built in 2005.

All of the materials are antique; the wood used for the walls, ceilings and floors was reclaimed from old chalêts.
Every detail of the woodwork was painstakingly designed by Esther Gutmer.

She sourced the antique furniture and decorative objects on her travels throughout Europe and the United States.
The result is an oasis of calm and well-being.

La construction de ce châlet, niché dans les montagnes à Gstaad, date de 2005.

Tous les matériaux utilisés sont anciens. Le bois qui lambrisse les murs, plafonds et sols est un bois de récupération.
Chaque détail de menuiserie a été minutieusement dessiné par Esther Gutmer.

Les meubles et objets décoratifs, tous anciens, ont été dénichés par elle à travers l'Europe et les Etats-Unis.
Le résultat en fait un havre de paix et de bien-être.

Deze chalet, verscholen in de bergen te Gstaad, werd in 2005 gebouwd.

Alle gebruikte materialen zijn oud; het hout dat gebruikt werd voor de muren, plafonds en vloeren werd elders gerecupereerd.
Elk detail van het schrijnwerk werd minutieus door Esther Gutmer ontworpen.

De antieke meubelen en decoratieve objecten vond ze tijdens haar reizen doorheen Europa en de Verenigde Staten.
Het resultaat toont een oase van rust en wellness.

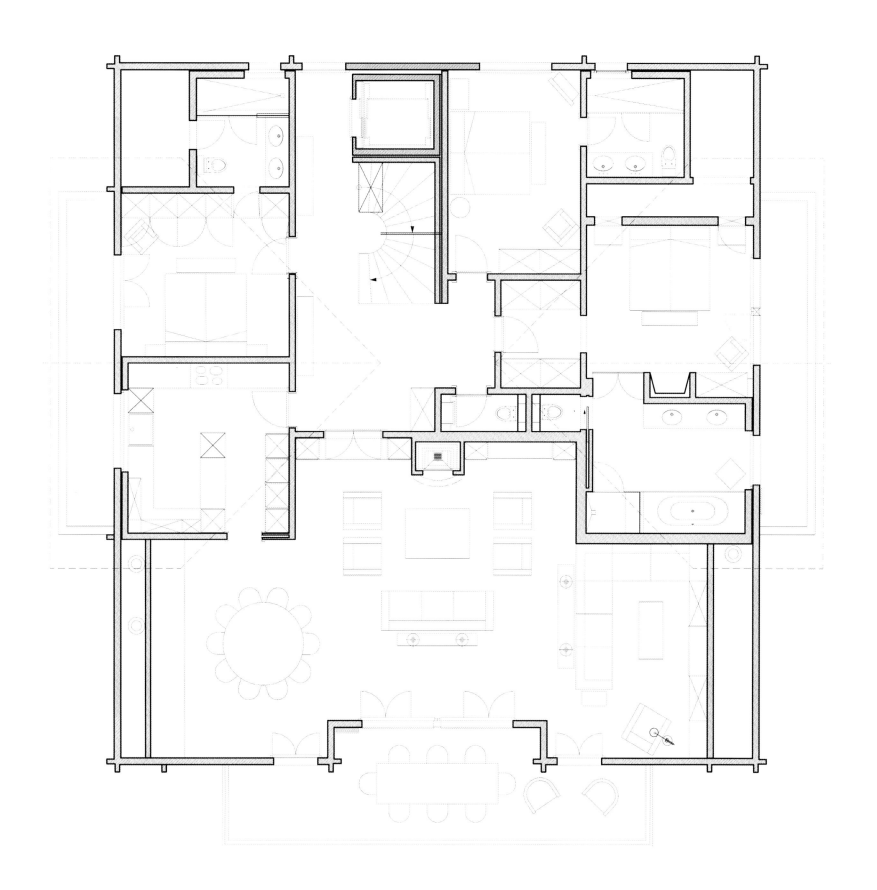

A "Black Forest" hallstand in front of a tartan by Ralph Lauren.

Un portemanteau "Forêt Noire" sur fond de tissu écossais Ralph Lauren.

Een "Zwarte Woud" kapstok met daarachter een Schotse ruitenstof van Ralph Lauren.

A pair of old English side tables in the entrance hall.

Une paire de consoles anglaises anciennes pour le hall d'entrée.

Een paar oude Engelse consoles voor de inkomhal.

This striking couch in crocodile skin and hunting green ribbed velour is flanked by two pairs of club chairs upholstered in a "suit" fabric by Ralph Lauren.

L'imposant divan en croco et velours côtelé vert chasse est encadré de deux paires de clubs garnis de tissus de "costume" Ralph Lauren.

De imposante canapé in krokodillenhuid en jachtgroen geribde velours wordt omringd door twee paar clubs bekleed met een "kostuum"stof van Ralph Lauren.

The chalet is equipped with an air-conditioning system that operates through narrow vents between the crossbeams and the wooden ceiling.

Le chalet est équipé d'un système de climatisation diffusé par les fines fentes situées entre les poutres transversales et le plafond en bois.

De chalet is uitgerust met een luchtkoelingssysteem dat verspreid wordt door de smalle openingen tussen de dwarsbalken en het houten plafond.

The billiard room and bar are on the ground floor and open out onto a large terrace surrounding the chalet.

La "pool room" et le bar sont situés au rez-de-chaussée et ouvrent sur une large terrasse qui entoure tout le châlet.

De biljartruimte en de bar zijn gesitueerd op het gelijkvloers. Ze kijken uit op een groot terras dat de chalet omringt.

The antique wood ceiling and the walls, which are finished in fabric by Ralph Lauren, combine to create an atmosphere of comfort.

Le plafond travaillé en bois ancien et les murs habillés en tissu Ralph Lauren confèrent à cet espace une ambiance de confort.

Het plafond bewerkt met oud hout en de muren, bekleed met stoffen van Ralph Lauren, creëren hier een comfortabele sfeer.

Wood and white Thassos marble in this master
bathroom.
Storage space is concealed behind the mirrors.

Bois et marbre blanc de Thassos habillent cette salle
de bains des maîtres.
Les miroirs dissimulent des étagères de rangement.

Hout en witte Thassos marmer voor deze master
badkamer.
Achter de spiegels werden bergruimten voorzien.

A MAJESTIC COUNTRY ESTATE

This country estate, situated on the outskirts of Sint-Genesius-Rode and Waterloo, is surrounded by a magnificent garden of several hectares, every corner of which has a different atmosphere.

Esther Gutmer completely redesigned the space, which was classic in style and not well-suited to modern needs, ensuring that the four members of this family could experience comfort, elegance, light and functionality throughout the whole house.

Nichée à la limite de Rhode St-Genèse et Waterloo, cette propriété est entourée d'un superbe jardin de plusieurs hectares dont chaque recoin dissimule une ambiance différente.

Classique et peu adaptée à la vie actuelle, Esther Gutmer a repensé la circulation de la maison afin d'offrir à chaque membre de cette famille de quatre personnes des espaces confortables, élégants, lumineux et fonctionnels.

Dit landgoed, gelegen aan het uiteinde van Sint-Genesius-Rode en Waterloo, is omringd met een prachtige tuin van meerdere hectares waarvan elk hoekje een verschillende sfeer uitstraalt.

De klassieke en slecht aan de hedendaagse leefnormen aangepaste indeling werd door Esther Gutmer grondig herdacht: zij zorgde ervoor dat de nieuwe circulaties aan dit gezin van vier personen voldoende comfort, elegantie, luminositeit en functionaliteit in elke ruimte bieden.

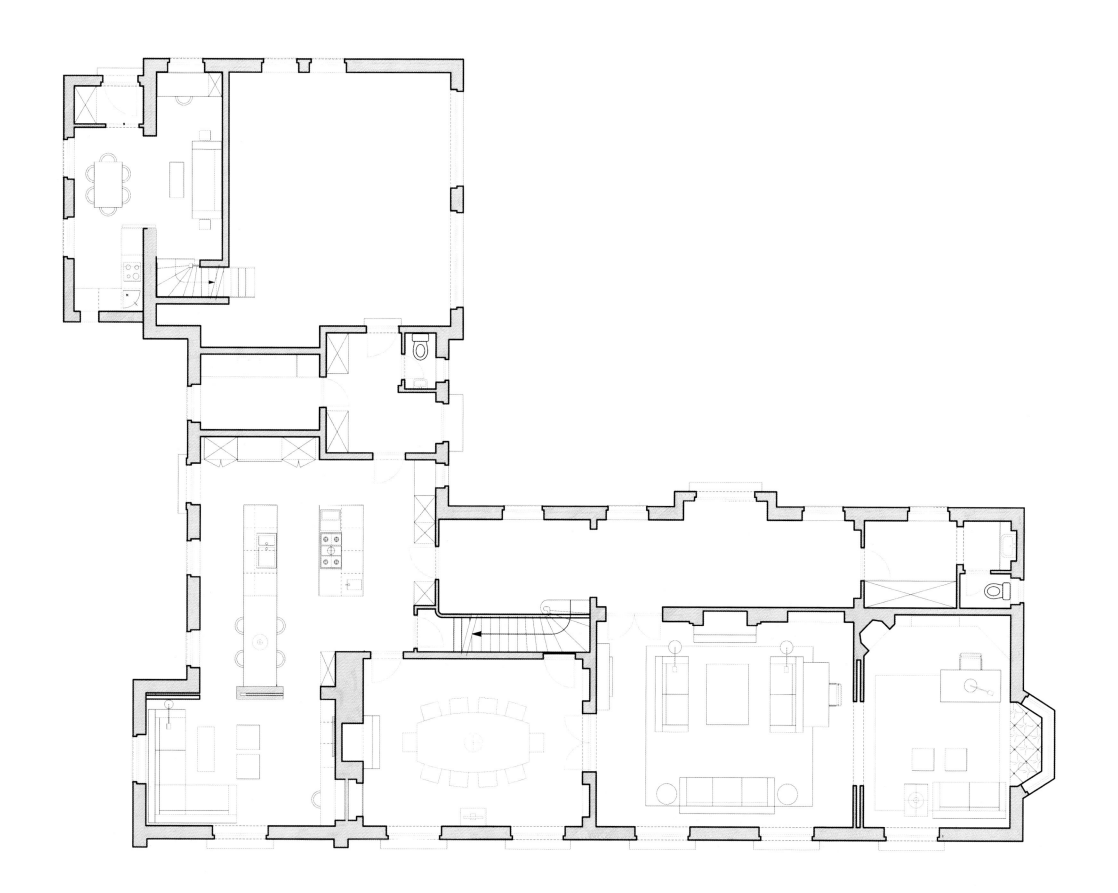

The original stairs, in stone and wrought iron, were replaced by a staircase in chocolate-brown and white lacquered wood.
Floor in beige natural stone.

L'ancien escalier en pierre et fer forgé a été remplacé par un escalier en bois laqué chocolat et blanc.
Le sol est en pierre naturelle beige.

De oorspronkelijke trap in steen en smeedijzer werd vervangen door een trap in chocoladebruin en wit gelakt hout.
Vloer in beige natuursteen.

On the opposite side, the cloakroom.

A l'opposé, le vestiaire.

Aan de andere zijde, de vestiaire.

Subtle shades of beige for the sitting room.

The table in gleaming polished zebrano wood was designed by Esther Gutmer.

Camaïeu de beige pour le salon.

La table en zebrano poli brillant a été conçue par Esther Gutmer.

Subtiele beigetinten voor het salon.

De tafel in glanzend gepolijst zebranohout werd door Esther Gutmer ontworpen.

The contrast between the black lacquered doors and the pale walls creates a distinctive look.
Armchairs in chrome and suede by Ralph Lauren.

Le contraste des portes laquées noires et des murs clairs donne du caractère à l'ensemble.
Fauteuils en chrome et daim de Ralph Lauren.

Het contrast van de zwartgelakte deuren en de lichte muren zorgt voor een karaktervol geheel.
Fauteuils in chroom en daim van Ralph Lauren.

The floor in the dining room is the only original element that has been retained.
Art-Deco-style fireplace, in harmony with the dining table.
A sculpture by Moskal.

Le sol de la salle à manger est le seul élément maintenu dans la maison.
Manteau de cheminée dans un style Art déco pour s'harmoniser avec la table de famille.
Sculpture de Moskal.

De vloer in de eetkamer is het enige element dat behouden bleef.
Schouwmantel in Art deco stijl, in harmonie met de eettafel.
Een sculptuur van Moskal.

"Tulip" chairs for the dining area in this spacious kitchen.

Chaises "tulipes" pour le coin repas de cette cuisine spacieuse.

"Tulip" stoelen voor deze eethoek in de ruime leefkeuken.

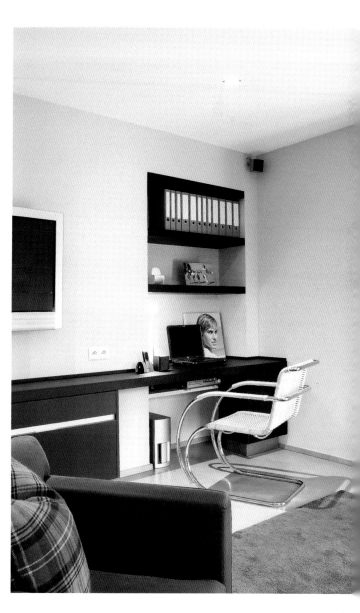

A central wall panel separates the family room from the kitchen.

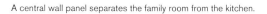
Salon familial séparé de la cuisine par un pan de mur central.

De family room is van de keuken gescheiden door een centraal muurpaneel.

One of the original rooms has been replaced by a long dressing room that separates the master bedroom from the bathroom.

Une ancienne chambre a été supprimée et remplacée par un long dressing qui sépare la chambre principale de la salle de bains.

Eén van de oorspronkelijke kamers verdween en werd vervangen door een lange dressing die de master bedroom van de badkamer scheidt.

Beige marble and polished pear wood were selected for the main bathroom.

Marbre beige et poirier poli brillant composent les matériaux de la salle de bains principale.

Beige marmer en glanzend gepolijste perelaar werden gekozen voor de hoofdbadkamer.

The bath has been partially built into the floor.
The wall behind the bath conceals a toilet and a shower.

Le bain a été partiellement encastré dans le sol.
Le mur arrière dissimule la toilette et la douche.

Het bad werd gedeeltelijk in de vloer ingebouwd.
De muur erachter verbergt een toilet en douche.

An armchair and accessories by Ralph Lauren in this bedroom.

Fauteuil et accessoires Ralph Lauren.

Een fauteuil en accessoires van Ralph Lauren in deze slaapkamer.

The guestroom.

La chambre d'amis.

De gastenkamer.

A VILLA IN NEW ENGLAND STYLE

The interior architect was commissioned to add a flavour of New England to this newly built villa in the centre of Knokke-Zoute on the Belgian coast.

The contrasting use of dark wood for the floors and light wood for the shelves, wall panels and kitchen creates a sense of light and a real holiday atmosphere.

Nichée en plein coeur du Zoute (Côte Belge), la mission de l'architecte d'intérieur consistait à donner à cette nouvelle construction un parfum de Nouvelle Angleterre.

L'utilisation contrastée du bois foncé pour les sols et du bois clair pour les aménagements de bibliothèques, placards et cuisine donnent à cette maison sa luminosité et son air de vacances.

De interieurarchitecte kreeg de opdracht om deze nieuwgebouwde villa in het hartje van Knokke- Zoute (Belgische Kust) een vleugje New England te schenken.

Het contrasterende gebruik van donker hout voor de vloeren en het lichte hout voor de bibliotheekkasten, wandpanelen en de keuken zorgt voor een lichtrijk geheel en een echt vakantiegevoel.

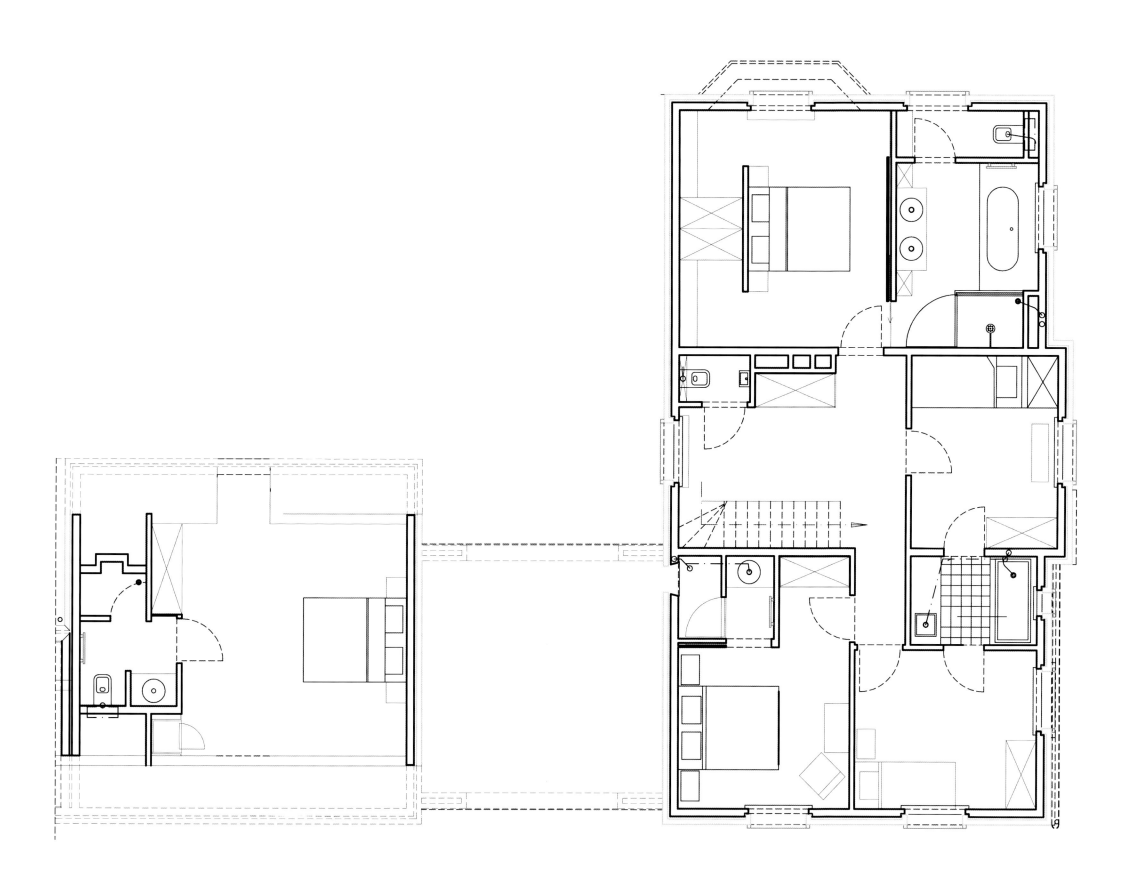

The staircase, designed in mahogany and white painted wood, forms the axis of the house.

L'escalier conçu en acajou et bois peint blanc s'articule au centre de la maison.

De trap ontworpen in mahonie en witgeschilderd hout vormt de spil van de woning.

The bright colours of the works of art are the only disruption to the calmness of the shades selected for this sitting room.

Seules les oeuvres d'art colorées viennent interrompre le calme des coloris choisis pour ce salon.

Enkel de kleurrijke kunstwerken verstoren de rust van de kleuren in dit salon.

The contemporary furnishing has been combined with ethnic and antique objects, such as this eighteenth-century walnut-wood table and this verdigris metal sculpture of a horse.

Au mobilier contemporain se mêlent des objets ethniques ou anciens, tels cette table de salon en noyer du 18ème et cette sculpture de cheval en métal vert de gris.

Een mix van hedendaags meubilair met etnische en antieke objecten zoals deze salontafel in notelaar (18de eeuws) en een sculptuur van een paard in grijsgroen metaal.

A view from the main entrance, showing the office, which is panelled with painted wood shelving.

Vue de l'entrèe principale, le bureau lambrissé de bibliothèques en bois peint.

Een zicht vanuit de hoofdingang, met het bureau gelambriseerd met bibliotheken in geschilderd hout.

The floors throughout the house are in dark mahogany.

Les parquets de toute la maison sont en acajou foncé.

Als parket werd in het gehele huis een donkere
mahoniehouten vloer gekozen.

A view from the office through the sliding doors, which are built into the walls.

Vue du bureau par les portes coulissantes intégrées dans les murs.

Zicht vanuit het bureau via de in de muur geïntegreerde schuifdeuren.

The informal dining area has been incorporated into the bay window of the kitchen.

Le coin repas familial a été intégré dans le bow window de la cuisine.

De familiale eethoek werd ondergebracht in de bow window van de keuken.

Small mosaic tiles in smoothed Carrara marble have been used on the floor and in the shower of this master bathroom.

Des petites mosaïques de marbre de Carrare adouci ont été utilisées pour le sol et la douche de la salle de bains des maîtres.

Kleine mozaïekjes in gezoete Carrara marmer werden gebruikt voor het bekleden van de vloer en de douche in deze master badkamer.

A washing unit in mahogany and white Carrara marble.

Meuble vasques en acajou et marbre de Carrare.

Een wastafel in mahoniehout en witte Carrara marmer.

A SEASIDE VILLA
IN SAINT-TROPEZ

This house "with its feet in the water" in the parkland of Saint-Tropez boasts magnificent views, but had been neglected for many years.

Esther Gutmer created a completely new structure, dividing the house into three living spaces, with all rooms enjoying a sea view.

The outside areas and the garden were redesigned and offer a splendid 180° panorama.

The absence of a parapet ensures an uninterrupted vista. Shades of white, with just a few colourful accents as contrast, were selected for the interior, underlining the character of this haven of beauty.

Cette maison "pieds dans l'eau" dans les parcs de Saint-Tropez, et offrant une vue exceptionnelle, n'avait plus été entretenue depuis de longues années.

Complètement désossée et remodelée par Esther Gutmer, elle est divisée en trois corps de logis dont toutes les pièces font maintenant face à la mer.

Les abords et le jardin ont été repensés et offrent une vue magnifique à 180°.

L'absence de parapet permet une vision à l'infini. Le choix de blanc pour l'intérieur à peine souligné de coloris contrastés est voulu et accentue la luminosité de ce havre de beauté.

Deze woning "met de voeten in het water" aan de parken van Saint-Tropez biedt een uitzonderlijk zicht maar werd gedurende lange jaren verwaarloosd.

Esther Gutmer zorgt voor een volledig nieuwe structuur, ingedeeld in drie woonvertrekken waarvan alle kamers zeezicht bieden.

De buitenzones en de tuin werden herdacht en geven een prachtig zicht over 180°.

Het ontbreken van een borstwering zorgt voor eindeloos vergezicht. De keuze voor wittinten in het interieur, nauwelijks geaccentueerd door enkele contrastrijke kleuren, is gewild en onderstreept het lumineuze karakter van deze pleisterplaats vol schoonheid.

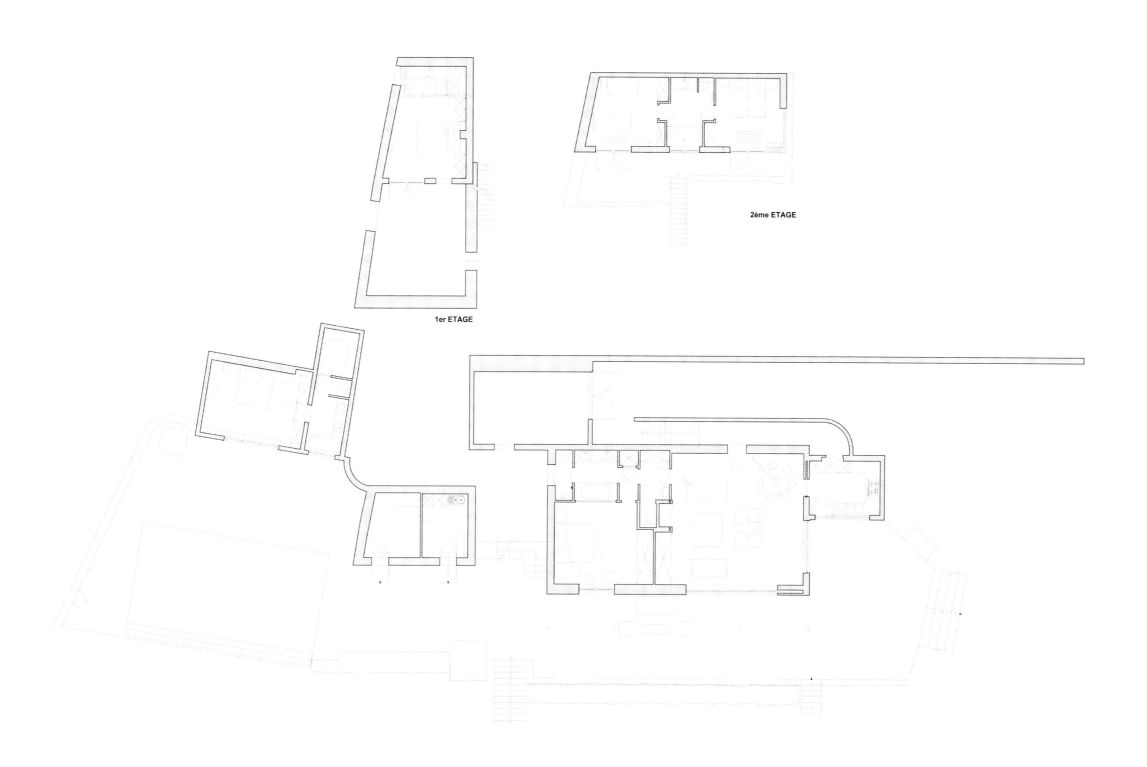

1er ETAGE

2ème ETAGE

A view of the entrance steps and the middle terrace with sun-loungers overlooking the sea.

Vue vers l'escalier de l'entrée et la terrasse intermédiaire avec lits de repos faisant face à la mer.

Zicht op de inkomtrap en het tussenliggende terras met de ligzetels die op de zee uitkijken.

A view of the entrance to this holiday home.

Vue de l'entrée de la propriété.

Zicht op de inkom van het vakantiehuis.

The main terrace (60 m long) is made of wide teakwood planks.

La terrasse principale longue de 60 m est habillée de larges planches de teck.

Het hoofdterras (60 m lang) werd bekleed met brede planken in teakhout.

The original roof, with its gentle slope, has been rebuilt. The visible framework of the building creates a sense of space.

La toiture d'origine peu pentue a été reconstruite. La charpente apparente donne de l'envolée à la pièce.

De oorspronkelijk weinig hellende dakstructuur werd heropgebouwd. De zichtbare kapconstructie creëert ruimte.

The sitting room, with louvre doors fully integrated into the walls, is completely in white, so as to accentuate the endless blue outside.

Le salon dont les portes "shutters" s'escamotent entièrement dans les murs, est conçu tout en blanc afin de renforcer l'impression d'immensité bleue de l'extérieur.

Het salon waarvan de "shutters" deuren volledig in de muren weggewerkt zijn, is volledig in wit uitgevoerd, om het effect van het oneindige blauw buiten te accentueren.

The dining area opens onto the kitchen via a sliding door.

Coin repas ouvrant sur la cuisine par une porte coulissante

De eethoek geeft uit op de keuken via een schuifdeur.

A contrast of white marble and stainless steel in the perfectly symmetrical kitchen.

Contraste du marbre blanc et de l'inox pour la cuisine parfaitement symetrique.

Contrast van witte marmer en inox voor de perfect symmetrische keuken.

The master bedroom opens out onto the teakwood gangway.

La chambre des maîtres ouvre sur la coursive en teck.

De master bedroom kijkt uit op de walegang in teakhout.

A view from the bathroom, which is separated from the bedroom by white wooden shutters.

Vue de la salle de bains séparée de la chambre par des shutters en bois blanc.

Zicht op de badkamer die van de slaapkamer wordt gescheiden door withouten shutters.

The floor, washbasins and bath are in lavastone.

Sol, vasques et bain en pierre de lave.

Vloer, wastafels en bad werden met lavasteen bekleed.

The shower floor consists of a single piece of natural stone that stands free of the wall to allow drainage.

Le sol de la douche consiste en une seule plaque de pierre détachée des murs, espace qui permet l'écoulement.

De douchevloer bestaat uit één stuk natuursteen die van de muren werd gescheiden voor de afwatering.

A guestroom that opens into the bathroom via a slatted
door that matches the cupboard doors.

Chambre d'amis ouvrant sur la salle de bains par une
porte à claire-voie identique aux porte de placards.

Een gastenkamer die uitgeeft op de badkamer via een
deur met identiek latwerk als dat van de opbergkasten.

A hammam with tiles in taupe and black.

Hammam en faïences taupe et noir.

Hammam met tegeltjes in taupe en zwart.

A comfortable bedroom and shower area have been accommodated within the limited space of the first floor.

The room has a private terrace with a sea view.

Au premier étage, dans cet espace restreint se niche une chambre confortable et la salle de douche.

Elle ouvre sur une terrasse privée surplombant la mer.

Op de eerste verdieping, in deze beperkte ruimte, werden een comfortabele kamer en douchecel ondergebracht.

Deze geven uit op een privé-terras met zicht op zee.

Shower in taupe-coloured natural stone.

Douche en pierre naturelle taupe.

Douche in taupekleurige natuursteen.

A DUPLEX APARTMENT
IN BRUSSELS

Esther Gutmer completely renovated this duplex apartment in a three-storey building in the centre of Brussels dating from 1921.

The distinctive character of this home, with its perfectly symmetrical semi-hexagonal shape, lies in the way all of the rooms open to the front of the building.

The huge windows allow plenty of light to fill the apartment. Esther Gutmer has redivided the internal space, and also redesigned all of the details of the walls, the floors, the ceilings and the woodwork.

The first floor contains the owners' apartment: the kitchen, the dining room, the sitting room and the library.

A pavilion has been created on a section of the huge flat roof, which serves as a terrace. This pavilion functions as guest accommodation and also houses the owner's office.

Cet appartement duplex entièrement rénové par Esther Gutmer est situé en plein coeur de Bruxelles dans un immeuble de trois étages construit en 1921.

La particularité de cette maison en forme de demi hexagone parfaitement symétrique est due au fait que tous les espaces ouvrent sur l'avant.

La lumière s'y engouffre au travers d'immenses baies vitrées. Esther Gutmer y a redistribué les volumes, redessiné chaque détail de murs, de sols, de plafonds et de menuiserie.

Le premier niveau comprend la cuisine, la salle à manger, le salon et la bibliothèque, enfin l'appartement des maîtres de maison.

Sur une partie de l'immense toiture plate aménagée en terrasse, un pavillon a été réhabilité pour les amis et le bureau du propriétaire.

Dit duplex appartement, ondergebracht in een gebouw van drie verdiepingen uit 1921 gelegen in het hartje van Brussel, werd door Esther Gutmer grondig gerenoveerd.

Het specifieke karakter van deze woning met haar half zeshoekige, perfect symmetrische vorm ligt in het feit dat alle ruimtes op de voorzijde uitkijken.

Het licht krijgt vrij spel dankzij de immense vensterpartijen. Esther Gutmer heeft hier de volumes opnieuw verdeeld, en zij hertekende ook alle details van de muren, de vloeren, de plafonds en het schrijnwerk.

De eerste verdieping bevat de keuken, de eetkamer, het salon en de bibliotheek, kortom het appartement van de huismeesters.

Op een deel van het immense platte dak dat als terras was ingericht, werd een paviljoen gecreëerd voor de gastenkamers en het bureau van de eigenaar.

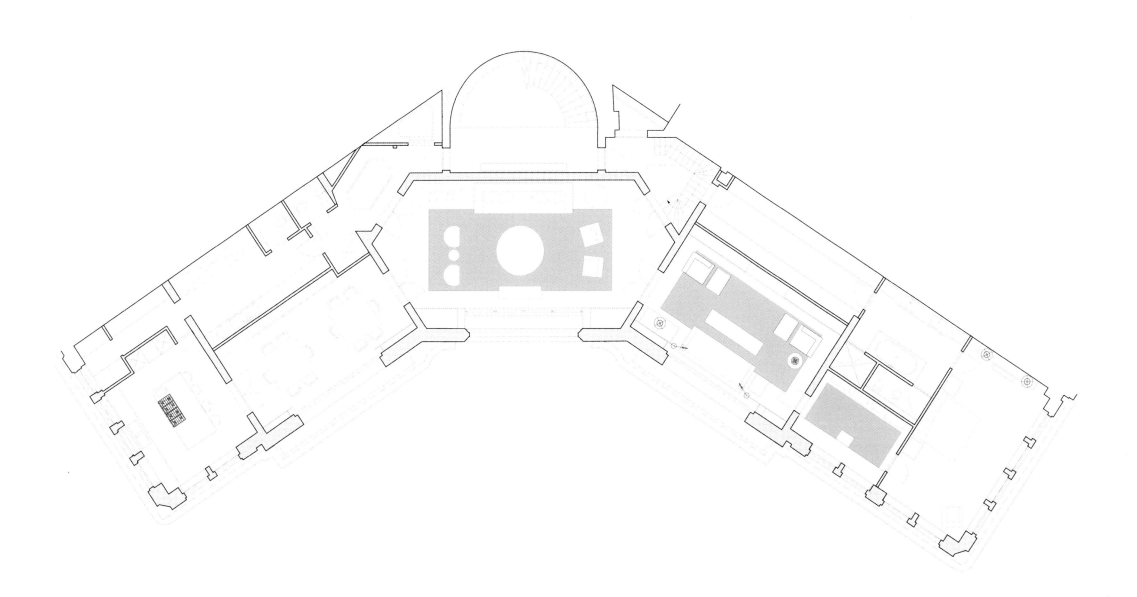

The entrance to the apartment. A play of light created by the ceiling
moulding and the 1950s chandelier.

L'entrée de l'appartement. Des jeux de lumières par une corniche
de plafond et le lustre des années 1950.

De inkom van het appartement. Een lichtspel door de kroonlijst van
het plafon en de luchter uit de jaren 1950.

The owner's office.

Le bureau du propriétaire.

Het bureau van de eigenaar.

A study.

Un espace studieux.

Een studiekamer.

The walls of the library are in a dark-violet velvet.

Les murs de la bibliothèque sont tendus de velours violet sombre.

De bibliotheekmuren zijn bekleed met een somber violetkleurige velours.

A dark parquet floor has been used throughout the apartment.
The hematite coffee table is an Ado Châle design.

Un parquet sombre est utilisé dans tout l'appartement.
La table de salon en hématite est signée Ado Châle.

In heel het appartement werd voor één sombere parketvloer gekozen.
De salontafel in hematiet (bloedsteen) is een ontwerp van Ado Châle.

Perfect symmetry in the dining room.

The two tables in black-lacquered wood and the four wall-lamps were designed by Esther Gutmer.

Symétrie parfaite pour la salle à manger.

Les deux tables en bois laqué noir et les quatre appliques ont été dessinées par Esther Gutmer.

Een perfecte symmetrie in de eetkamer.

De twe tafels in zwartgelakt hout en de vier wandlampen werden door Esther Gutmer ontworpen.

Contrasts of grey, white and stainless steel in this gourmet kitchen.

Contraste du gris, du blanc et de l'inox pour cette cuisine de gourmets.

Contrasten van grijs, wit en inox voor deze fijnproeverskeuken.

The unit and headboard are in high gloss Macassar ebony.
Walls are upholstered in squares made of suede.
Ralph Lauren bedside tables.

Le meuble et la tête de lit sont réalisés en ébène de Macassar poli brillant.
Les murs sont habillés de carré de daim écru.
Chevets Ralph Lauren.

Het bedmeubel en beddehoofd zijn uitgevoerd in glanzend gepolijst Macassar
ebbenhout. Muren bekleed met écru-kleurige "carré de daim".
Hoofdeinde Ralph Lauren.

A HOUSE IN UCCLE

The site of this house in Uccle (a "green" district in Brussels) is on a variety of different levels. The main entrance and the garages are at street level.

The living areas are situated on the ground floor, on the same level as the garden, and are reached by a staircase that begins in the hallway.

The owners are passionate about photographic art, and they asked Esther Gutmer to create an interior that would show their collection to its best advantage.

Le terrain de cette maison à Uccle (commune verte de Bruxelles) est fortement denivelé. L'entrée principale et les garages sont au niveau de la rue.

Les espaces de vie sont situés au rez-de-jardin. On y accède par un escalier qui débute dans le hall.

Amateurs de photos d'art, les propriétaires désiraient un intérieur qui mette en valeur leur collection.

Het terrein van deze woning gelegen in Ukkel (groene Brusselse gemeente) verschilt heel sterk van niveau. De hoofdingang en de garages zijn op straatniveau.

De leefruimtes zijn gesitueerd op de gelijkvloerse tuinverdieping. Men bereikt deze via een trap die in de hal begint.

De eigenaars zijn gepassioneerd door fotokunst, en zij vroegen aan Esther Gutmer om een interieur te creëren dat hun collectie in zijn volle waarde toont.

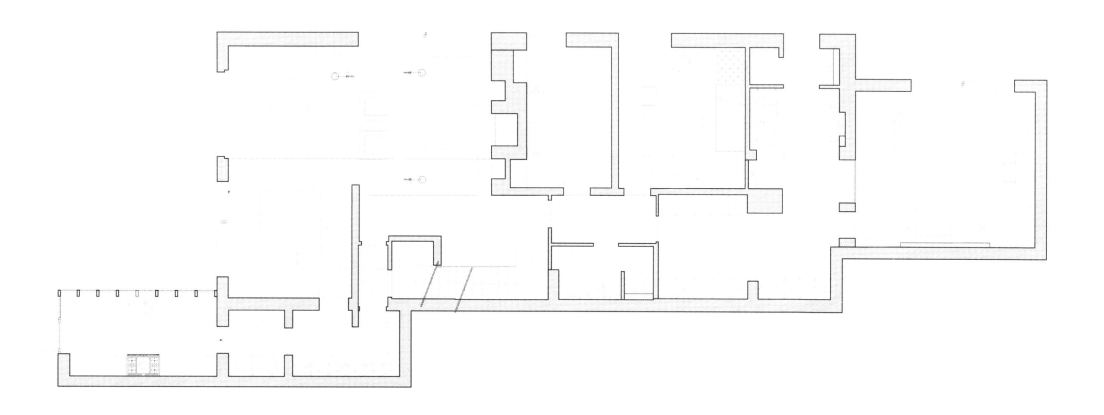

The entrance hall.

Le hall d'entrée.

De inkomhal.

Access to the ground-floor garden level via a staircase in white concrete with a glass banister.

Accès au rez-de-jardin par un escalier en béton blanc et rampe en verre.

Toegang tot de gelijkvloerse tuinverdieping via een trap in wit beton met een glazen borstwering.

The garden can be seen from all over the house.

Light enters through huge windows, which were redesigned by Esther Gutmer.

Le jardin s'étire à perte de vue.

La lumière s'engouffre par d'immenses baies vitrées redessinées par Esther Gutmer.

De tuin is omnipresent.

Het licht valt binnen door de immense vensterpartijen die hertekend werden door Esther Gutmer.

The use of white concrete for the floor increases the sense of light in the sitting room. Table and crocodile-skin ottomans designed by Esther Gutmer.

Le choix du béton blanc pour le sol rehausse la superbe luminosité de ce salon.
Table et poufs en croco dessinés par Esther Gutmer.

De keuze voor wit beton als vloerbekleding verhoogt de luminositeit van het salon. Tafel en poef in krokodille-leder ontworpen door Esther Gutmer.

The dining room is an integral part of the living room.

The two spaces are simply separated by a wall panel that conceals the stairs.

La salle à manger fait partie intégrante du living.

Elle est simplement séparée par un pan de mur qui l'occulte de l'escalier.

De eetkamer maakt integraal deel uit van de leefruimte.

Beide ruimten wordt eenvoudig gescheiden door een wandpaneel dat de trap verbergt.

In the former conservatory, Esther Gutmer has created a kitchen with windows over its entire length. Floor in smoothed concrete.

Dans l'ancienne serre, Esther Gutmer a installé une cuisine complètement vitrée sur sa longueur. Sol en béton lissé.

In de vroegere serre creëerde Esther Gutmer een over de volledig lengte beglaasde keuken. Vloer in gladgestreken beton.

Immaculate whiteness for this bathroom in marble and white lacquer.

Blancheur immaculée pour cette salle de bains en marbre et laque blanche.

Een smetloze witheid voor deze badkamer in marmer en witte lak.

The wengé headboard contrasts with the pale walls and the white concrete floor.

La tête de lit est en bois wengé qui contraste avec les murs clairs et le sol en beton blanc.

Het beddehoofd in wengé contrasteert met de lichte muren en de vloer in wit beton.

COMMERCIAL SPACES

ESPACES COMMERCIAUX

COMMERCIËLE RUIMTEN

CHINE BOUTIQUE

The Chine collection is a line of clothing for women.
The showroom was designed to be a harmonious space,
with curves, gentle lines and timeless shades.

La collection Chine est une ligne de vêtements féminine.
L'espace de présentation du produit se devait d'être
harmonieuse, tout en courbe et douceur, les coloris
intemporels.

De collectie Chine is een kledingslijn voor dames.
De presentatieruimte diende hier harmonieus te zijn, golvend,
met zachte lijnen en tijdloze kleuren.

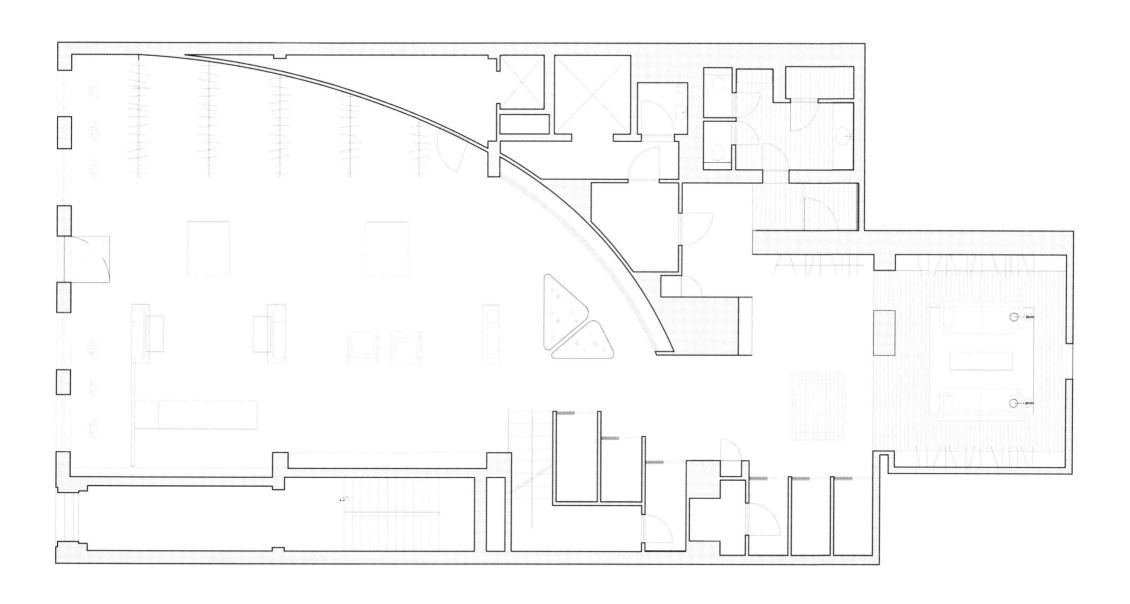

The display area for Chine's evening collections.
A video has been integrated into a wall panelled with dark-tinted zebrano wood.
Liaigre couches in white leather.

Salon des collections "soirée" de Chine.
Vidéo encastrée dans un mur lambrissé de zebrano teinté foncé.
Divans Liaigre en cuir blanc.

Salon van de collecties voor avondkledij van Chine.
Een video geïntegreerd in de gelambriseerde muur met donkergetinte zebrano.
Canapés Liaigre in wit leder.

Elegant materials: silk, velvet, gold patina in the fitting rooms.

Elégance des matériaux utilisés: soie, velours, dorure pour l'espace intérieur des salons d'essayage.

Elegante materialen: zijde, velours, gouddraad voor de interieurs van de passalons.

BIOGRAPHY

Esther Gutmer
Interior designer
Born in Brussels Belgium in 1953
Lives and works in Brussels

PROJECTS :

EUROPE	BELGIUM	1987-2007	Private houses
			Chains of stores (Ralph Lauren, Chine, Mer du nord, Talking French)
			Restaurants
	SWITZERLAND	1996 Geneva	Private house
		2006 Gstaad	Private chalet
	ENGLAND	1996 London	Private house
		1997	Appartment
	FRANCE	1997 Cannes	Private appartment and houses
		2002 Paris	Appartments
		2003 Paris	Stores (Chine, etc)
		2003 Saint Tropez	Private house
		2004 Paris	Appartment
		2004 Saint-Tropez	Stores
		2006 Paris	Stores
		2006 Biarritz	Private house
USA	COLORADO	1993 Aspen	Chalet
	NEW YORK	2002	Private houses
		2004	Private houses
	MIAMI	1995	Yacht privé
		2005	Private house
INDIA	BOMBAY	2003	Private residence

BIOGRAPHIE

Esther Gutmer
Architecte d'intérieur
Née à Bruxelles Belgique en 1953
Vit et travaille à Bruxelles

PROJETS REALISES :

EUROPE	BELGIQUE	1987-2007	Maisons privées
			Chaînes de magasin (Chine, Mer du Nord, Talking French...)
			Restaurants
	SUISSE	1996 Genève	Maison privée
		2006 Gstaad	Châlet
	ANGLETERRE	1996 Londres	Maison privée
		1997	Appartement
	FRANCE	1997 Cannes	Maison privée
		2002 Paris	Appartements
		2003 Paris	Magasin
		2003 Saint Tropez	Maison privée
		2004 Paris	Appartement
		2004 Saint-Tropez	Magasins
		2006 Paris	Magasins
		2006 Biarritz	Maison privée
USA	COLORADO	1993 Aspen	Châlet
	NEW YORK	2002	Maison privée
		2004	Maisons privées
	MIAMI	1995	Yacht privé
		2005	Maison privée
INDE	BOMBAY	2003	Résidence privée

BIOGRAFIE

Esther Gutmer
Interior designer
Geboren in Brussel (België) in 1953
Woont en werkt in Brussel

PROJECTEN :

EUROPA	BELGIË	1987-2007	Privé-woningen
			Boetiekketens (Chine, Mer du nord, Talking French)
			Restaurants
	ZWITSERLAND	1996 Genève	Privé-woning
		2006 Gstaad	Privé-chalets
	VERENIGD KONINKRIJK		
		1996 Londen	Privé-woning
		1997	Appartement
	FRANKRIJK	1997 Cannes	Privé-woning en appartement
		2002 Parijs	Appartementen
		2003 Parijs	Winkel
		2003 Saint Tropez	Privé-woningen
		2004 Parijs	Appartment
		2004 Saint-Tropez	Winkels
		2006 Parijs	Winkels
		2006 Biarritz	Privé-woning
VERENIGDE STATEN			
	COLORADO	1993 Aspen	Chalet
	NEW YORK	2002	Privé-woningen
		2004	Privé-woningen
	MIAMI	1995	Privé yacht
		2005	Privé-woning
INDIA	BOMBAY	2003	Privé-woning

BIOGRAPHY

At a very young age, EG decides she wants to become an architect.

Her father believes it is not a women's world and makes her study languages.

In 1980, married with 2 children, she moves to the US and goes back to her first love, designing houses.

She studies interior design and in 1986 obtains the first Ralph Lauren Home Collection licence for Europe.

That same year, the family moves back to Brussels and she opens her first RLHC store as well as her own design studio which is an immediate success.

Her projects cover private houses, high end stores, luxurious private offices and occasionnaly restaurants and private boats.

Her clientele is international which allows her to travel often, another of her many passions.

For 15 years, she uses the RL look (anglo saxon, new England, country, etc) but introduces gradually a more contemporary style to her work while always keeping her taste for antique or ethnic furniture and accessories.

She believes "things from the past" give a soul to any interior.

From her numerous trips throughout the world, EG keeps a good understanding of colors and precious materials.

She likes natural fabrics as cashmere, wool, silks, precious woods,and soft colored stones.

She attaches a great importance to volumes as well as light and to how it affects the spaces.

Functionality also, remains one of her priorities.

Her projects always reflect a feeling of confort and well being.

Having worked for nearly 20 years with her husband who builds most of her sites, she has a good technical knowledge of the building rules.

BIOGRAPHIE

BIOGRAPHIE

A un très jeune âge, Esther Gutmer décide qu'elle sera architecte.

Son père n'est pas du même avis et lui fait étudier les langues.

En 1980, mariée avec deux enfants, elle s'installe aux Etats Unis.

Elle retourne à ses premières amours, elle reprend des études d'architecte d'intérieur et 1986 obtient la 1ère licence Ralph Lauren Home Collection pour l'Europe.

La même année, la famille rentre à Bruxelles. Esther ouvre sa première boutique Ralph Lauren Home Collection et parallèlement son premier bureau d'études qui rencontre un succès immédiat.

Sa clientèle est internationale, ce qui lui permet de voyager souvent, une de ses nombreuses passions.

Pendant 15 ans, ses projets sont fidèles à l'esprit Ralph Lauren (style anglo-saxon, nouvelle Angleterre, country style...etc.).

Puis graduellement, elle introduit un style plus contemporain dans son travail (elle dessine son propre mobilier), tout en gardant son goût pour les meubles et objets anciens ou ethniques : « Les souvenirs du passé donne de l'âme à un intérieur ».

De ces nombreux voyages à l'étranger, Esther Gutmer acquiert un goût sûr pour les couleurs et les matières précieuses et naturelles.

Elle aime les cachemires, les laines, les soies, les bois rares, les pierres aux tons chauds.

Elle attache une grande importance aux volumes, à la lumière et à la manière dont celle-ci affecte les espaces.

Le côté fonctionnel, reste également une de ses priorités.

Les projets reflètent toujours un sentiment de confort et de bien être, d'ailleurs elle aime à dire qu'elle ne « décore pas » un intérieur, elle l'adapte harmonieusement aux rêves de ses clients.

Après plus de 20 ans de collaboration avec son mari, entrepreneur général (3ème Bureau SA) elle a acquit une connaissance technique sûre dans la rénovation.

BIOGRAFIE

BIOGRAFIE

Op zeer jonge leeftijd beslist Esther Gutmer om architecte te worden.

Haar vader vindt dat dit een mannenwereld is en zorgt ervoor dat ze taalstudies aanvat.

In 1980, gehuwd en met 2 kinderen, verhuist ze naar de V.S. waar ze haar eerste liefde terugvindt: het ontwerpen van woningen.

Ze studeert Interior Design en verkrijgt in 1986 de eerste Europese licensie van de Ralph Lauren Home Collection.

Datzelfde jaar keert het gezin terug naar Brussel. Esther Gutmer opent haar eerste RLHC store én haar interieurbureau dat onmiddellijk succes kent.

Haar privé-projecten bestaan uit residentiële woningen, exclusieve boetieks, luxueuze privé-kantoren en ook enkele restaurants en privé-yachts.

Haar cliënteel is internationaal en laat haar toe vaak te reizen: één van haar vele passies.

Vijftien jaar lang gebruikt ze de Angelsaksische / New England landelijke RL look om geleidelijk over te stappen naar een meer hedendaagse benadering, terwijl haar liefde voor antiek en etnische voorwerpen intact blijft. Ze gelooft dat objecten met een verleden een interieur kunnen bezielen.

Dankzij haar vele wereldreizen deed Esther Gutmer heel wat ervaring op over kleuren en zeldzame materialen.

Ze houdt van natuurlijke materialen zoals kasjmier, wol, zijde, exclusieve houtsoorten en zachtgekleurde natuursteen.

Ze hecht heel veel belang aan volumes, licht en hoe deze de ruimte beïnvloeden. Functionaliteit is ook één van haar prioriteiten.

Elk project van Esther Gutmer straalt comfort en wellness uit.

Haar meer dan twintigjarige samenwerking met haar echtgenoot / aannemer (3ème Bureau NV) zorgt ervoor dat ze een zeer goede technische bagage heeft wat bouwkunde betreft.

BIOGRAPHY

A FEW DATES

1971/1974	Studies in translators school- Brussels
1980/1986	Lives in New York
	Studies interior design - New York
1986	Signs the first license " Ralph Lauren Home collection" for Europe
	Returns to Belgium
	Opens the first european RL Home Collection store
1986/2007	Opens her own interior design studio

ON GOING PROJECTS 2007

Private triplex – Bombay India

Beach house Alibag – India

Private house- Colony – Geneva

Appartement – Monaco

Appartement – Paris

Restaurant – Uccle

Private house – Knokke-le-Zoute

Private houses – Brussels

Stores – Roeselare

Store – Antwerp

Corners in Department stores – Paris

BIOGRAPHIE

BIOGRAFIE

QUELQUES DATES

1971/1974	Etudes d'interprétariat Bruxelles
1980/1986	Vit à New York
	Etudes d'architecture d'intérieur
1986	Obtient le 1ère licence « Ralph Lauren Home Collection » pour l'Europe
	Retour en Belgique
	Ouverture du 1er magasin Ralph Lauren Home Collection en Europe
1986/2007	Ouverture de son propre bureau d'architecture d'intérieur.

ENKELE DATA

1971/1974	Studies Vertaler te Brussel
1980/1986	Woont in New York
	Studies Interior Design New York
1986	Eerste " Ralph Lauren Home collection" licensie voor Europa
	Terugkeer naar België
	Opening van de eerste RL Home Collection boetiek in Europa
1986/2007	Opening van haar eigen interieurbureau

PROJETS EN COURS 2007

Triplex privé – Bombay Inde

Maison de plage Alibag-Inde

Villa- Colony – Genève

Appartement- Monaco

Appartement- Paris

Restaurant – Uccle

Villa – Knokke-le-Zoute

Maisons privées – Bruxelles

Magasins – Roeselare

Magasin- Anvers

Corners grands magasins - Paris

PROJECTEN IN UITVOERING 2007

Triplex appartement – Bombay Indië

Strandhuis Alibag – Indië

Privé-woning - Colony – Genève

Appartement – Monaco

Appartement – Parijs

Restaurant – Ukkel

Privé-woning – Knokke-Zoute

Privé-woningen – Brussel

Winkels – Roeselare

Winkel – Antwerp

Corners in grootwarenhuizen – Parijs

PUBLISHER

BETA-PLUS publishing

Termuninck 3

B – 7850 Enghien

www.betaplus.com

PHOTOGRAPHER

Jo Pauwels

DESIGN

Polydem – Nathalie Binart

TRANSLATIONS

Laura Watkinson (English)

ISBN 13: 978-90-8944-006-8

Mes remerciements

A Margil, mon mari et à mes enfants Laurent et Virginie pour leur soutien et leur amour,

A mon équipe de collaborateurs,

A mes clients pour leur fidélité et leur confiance.

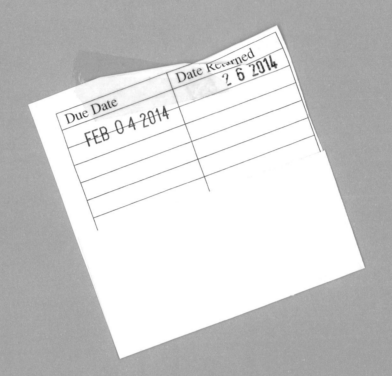

Due Date	Date Returned
FEB 0 4 2014	2 6 2014